Impressum
Verlag: BABADADA GmbH, Nedderfeld 112 , 22529 Hamburg
Geschäftsführer / Verlagsleitung: Harald Hof
Druck: Books on Demand GmbH, In de Tarpen 42, 22848 Norderstedt

Imprint
Publisher: BABADADA GmbH, Nedderfeld 112 , 22529 Hamburg, Germany
Managing Director / Publishing direction: Harald Hof
Print: Books on Demand GmbH, In de Tarpen 42, 22848 Norderstedt

xue xiao
school

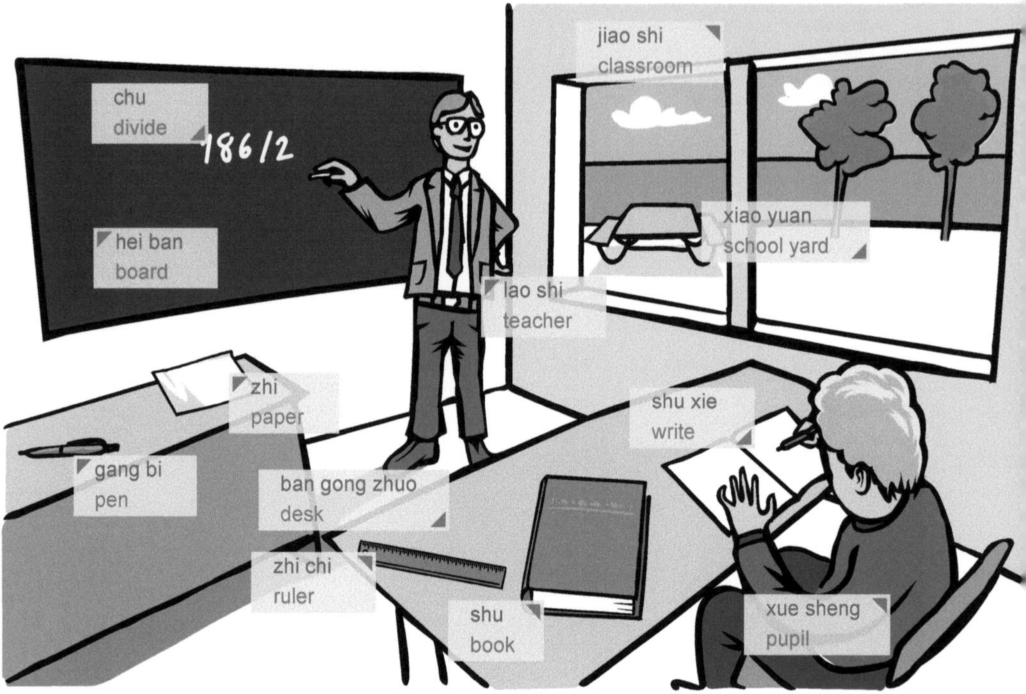
jiao shi
classroom
chu
divide
186/2
hei ban
board
xiao yuan
school yard
lao shi
teacher
zhi
paper
shu xie
write
gang bi
pen
ban gong zhuo
desk
zhi chi
ruler
shu
book
xue sheng
pupil

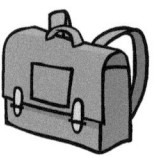

shu bao
satchel

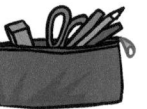

qian bi he
pencil case

qian bi
pencil

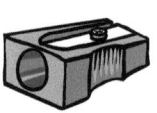

juan bi dao
pencil sharpener

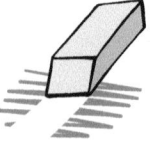

xiang pi ca
rubber

hua ban
drawing pad

tu hua

drawing

hua bi

paintbrush

yan liao he

paint box

jian dao

scissors

jiao shui

glue

lian xi ce

exercise book

jia ting zuo ye

homework

12

shu zi

number

2+2

jia

add

5-2

jian

subtract

2×2

cheng

multiply

ji suan

calculate

A

zi mu

letter

ABCDEFG
HIJKLMN
OPQRSTU
VWXYZ

zi mu biao

alphabet

hello

zi

word

ke wen

text

du

read

fen bi

chalk

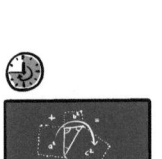

shang ke

lesson

deng ji

register

kao shi

examination

zheng shu

certificate

xiao fu

school uniform

jiao yu

education

bai ke quan shu

encyclopedia

da xue

university

xian wei jing

microscope

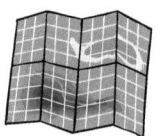

di tu

map

fei zhi kuang

waste-paper basket

lü xing
travel

jiu dian
hotel
Grand
qing nian lü xing she
hostel
ROOMS
wai bi dui huan chu
currency exchange office
EXCHANGE
shou ti xiang
suitcase
qi che
car

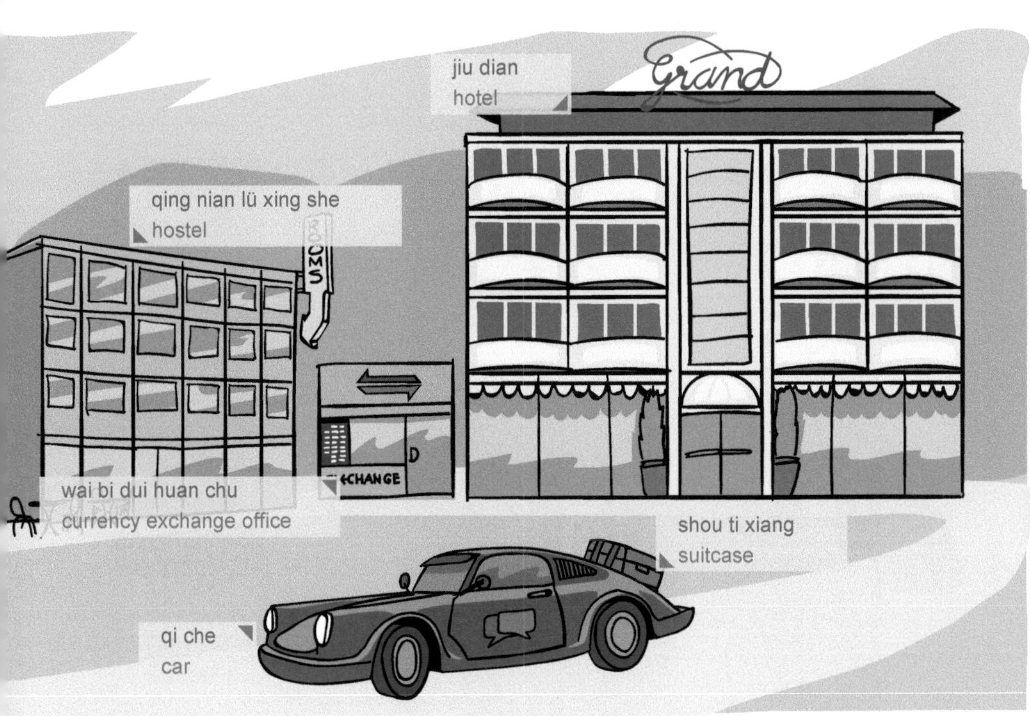

yu yan

language

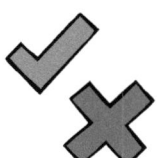

shi/fou

yes / no

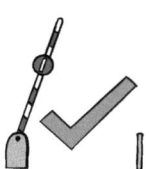

hao de

Okay

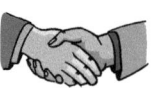

nin hao

hello

fan yi yuan

translator

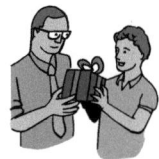

xie xie

Thank you

......duo shao qian?

how much is...?

wo bu ming bai

I don't get it

wen ti

problem

wan shang hao!

Good evening!

zao shang hao!

Good morning!

wan an!

Good night!

zai jian

goodbye

fang xiang

direction

xing li

luggage

bao

bag

shuang jian bao

backpack

ke ren

guest

fang jian

room

shui dai

sleeping bag

zhang peng

tent

lü you xin xi

tourist information

hai tan

beach

xin yong ka

credit card

zao can

breakfast

wu can

lunch

wan can

dinner

piao

Ticket

dian ti

elevator

you piao

stamp

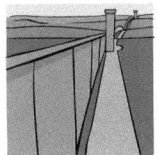

bian jie

border

hai guan

customs

da shi guan

embassy

qian zheng

visa

hu zhao

passport

jiao tong yun shu

transport

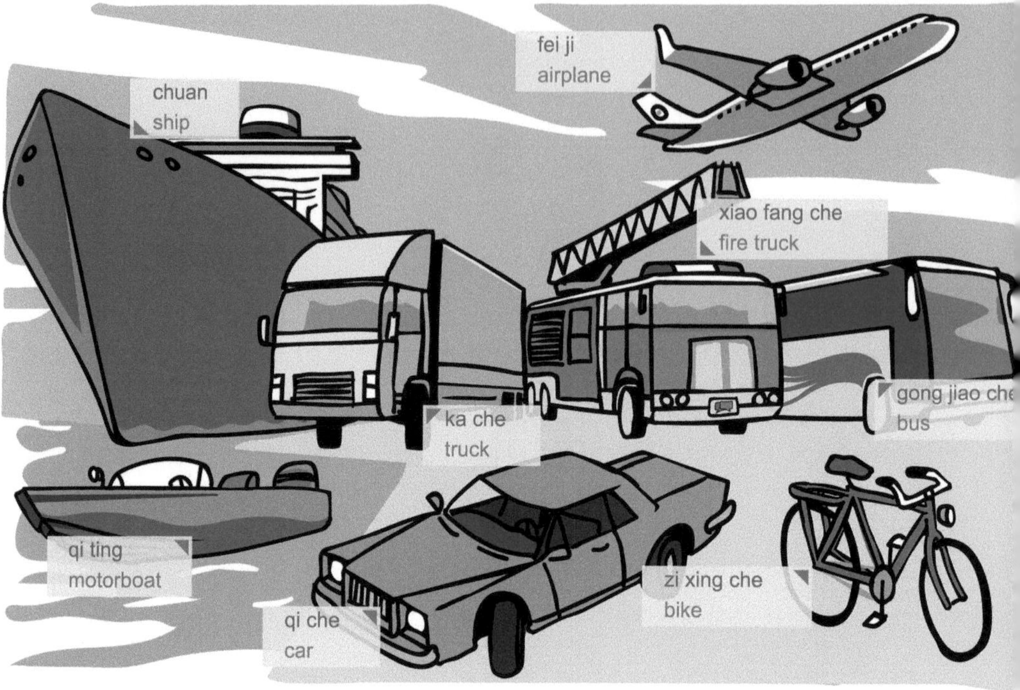

fei ji
airplane
chuan
ship
xiao fang che
fire truck
gong jiao che
bus
ka che
truck
qi ting
motorboat
zi xing che
bike
qi che
car

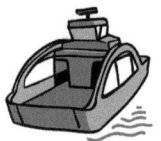

bai du chuan

ferry

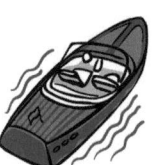

xiao chuan

boat

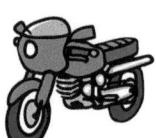

mo tuo che

motorbike

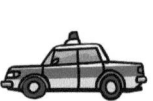

jing che

police car

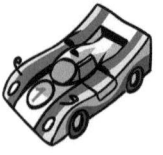

sai che

racing car

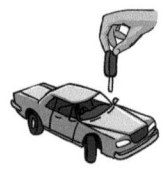

zu che

rental car

pin che
car sharing

tuo che
tow truck

la ji che
garbage truck

fa dong ji
engine

qi you
fuel

jia you zhan
fuel station

jiao tong biao zhi
traffic sign

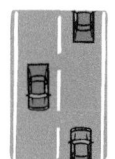

jiao tong
traffic

jiao tong du sai
traffic jam

ting che chang
parking lot

huo che zhan
train station

gui dao
tracks

huo che
train

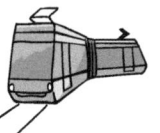

dian che
tram

huo che
wagon

zhi sheng ji

helicopter

ji chang

airport

ta

tower

cheng ke

passenger

ji zhuang xiang

container

zhi ban xiang

carton

shou tui che

cart

lan zi

basket

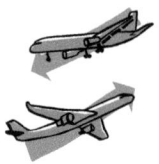

qi fei/jiang luo

take off / land

cheng shi

city

cun zhuang

village

shi zhong xin

city center

fang zi

house

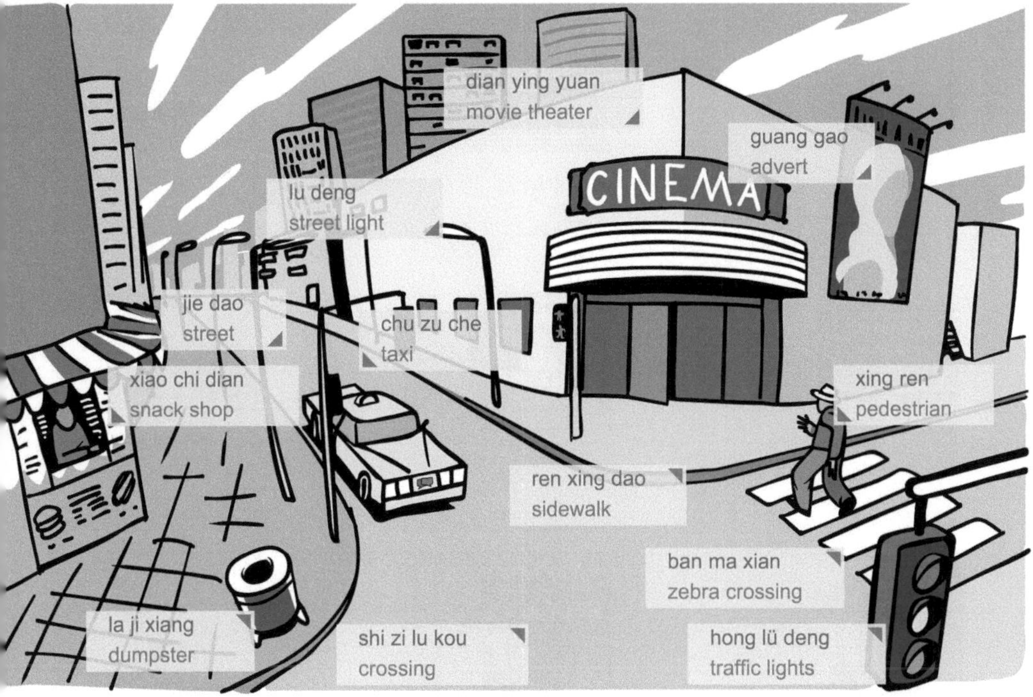

dian ying yuan
movie theater

guang gao
advert

lu deng
street light

CINEMA

jie dao
street

chu zu che
taxi

xiao chi dian
snack shop

xing ren
pedestrian

ren xing dao
sidewalk

ban ma xian
zebra crossing

la ji xiang
dumpster

shi zi lu kou
crossing

hong lü deng
traffic lights

xiao wu

hut

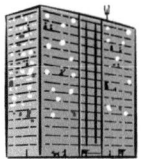

gong yu

apartment

huo che zhan

train station

shi zheng ting

city hall

bo wu guan

museum

xue xiao

school

da xue

university

yin hang

bank

yi yuan

hospital

jiu dian

hotel

yao fang

pharmacy

ban gong shi

office

shu dian

book shop

shang dian

shop

hua dian

flower shop

chao shi

supermarket

shi chang

market

bai huo shang dian

department store

yu dian

fishmonger's shop

gou wu zhong xin

mall

hai gang

harbor

gong yuan

park

chang deng

bench

qiao

bridge

lou ti

stairs

di tie

subway

sui dao

tunnel

gong jiao che zhan

bus stop

jiu ba

bar

can guan

restaurant

you tong

postbox

lu biao

street sign

ting che ji shi qi

parking meter

dong wu yuan

zoo

you yong guan

swimming pool

qing zhen si

mosque

nong chang

farm

wu ran

pollution

mu di

cemetery

jiao tang

church

cao chang

playground

si miao

temple

di xing

landscape

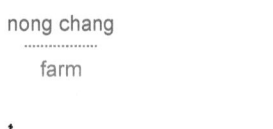

shu ye
leaf

zhi shi pai
signpost

lu
path

cao di
meadow

shi tou
stone

shu
tree

tu bu lü xing zhe
hiker

he
river

cao
grass

hua
flower

xia gu

valley

shan

hill

hu

lake

sen lin

forest

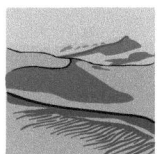

sha mo

desert

huo shan

volcano

cheng bao

castle

cai hong

rainbow

mo gu

mushroom

zong lü shu

palm tree

wen zi

mosquito

cang ying

fly

ma yi

ant

mi feng

bee

zhi zhu

spider

jia chong

beetle

qing wa

frog

song shu

squirrel

ci wei

hedgehog

ye tu

hare

mao tou ying

owl

niao

bird

tian e

swan

ye zhu

boar

lu

deer

mi lu

moose

shui ba

dam

feng li fa dian ji

wind turbine

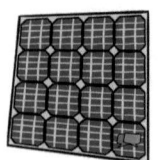

tai yang neng dian chi ban

solar panel

qi hou

climate

can guan

restaurant

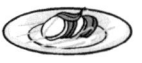

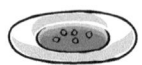

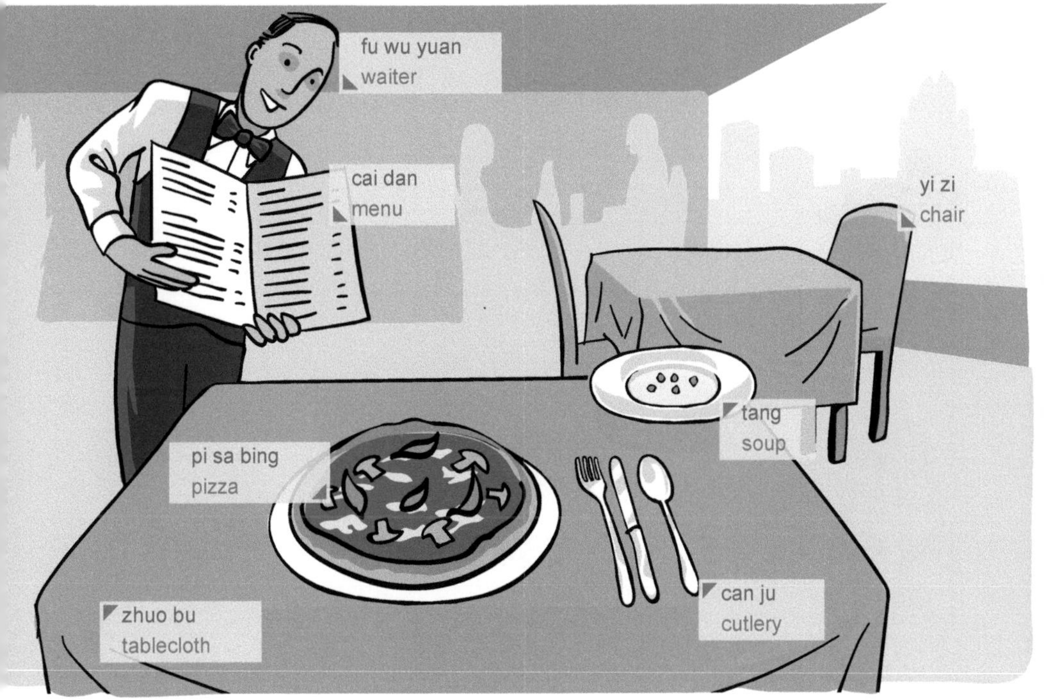
fu wu yuan
waiter
cai dan
menu
yi zi
chair
tang
soup
pi sa bing
pizza
can ju
cutlery
zhuo bu
tablecloth

qian cai

starter

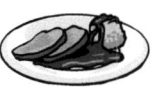

zhu cai

main course

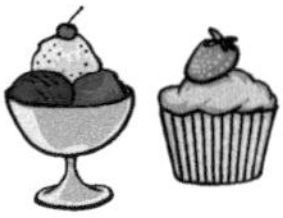

tian dian

dessert

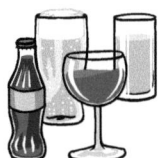

yin liao

drinks

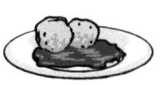

shi wu

food

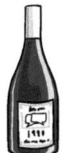

ping zi

bottle

kuai can

fast food

jie bian xiao chi

street food

cha hu

teapot

tang he

sugar bowl

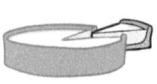

yi fen fan cai

portion

yi shi ka fei ji

espresso machine

gao jiao yi

high chair

zhang dan

bill

tuo pan

tray

dao

knife

can cha

fork

shao zi

spoon

cha chi

teaspoon

can jin

serviette

bo li bei

glass

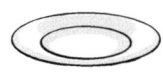

die zi

plate

tang pan

soup plate

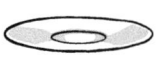

die zi

saucer

jiang

sauce

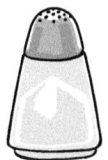

yan ping

salt shaker

hu jiao mo

pepper mill

cu

vinegar

shi yong you

oil

tiao wei liao

spices

fan qie jiang

ketchup

jie mo

mustard

dan huang jiang

mayonnaise

chao shi

supermarket

te jia
special offer
FOR
gu ke
customer
ru zhi pin
dairy products
shui guo
fruit
gou wu che
shopping cart

BUTCHERS

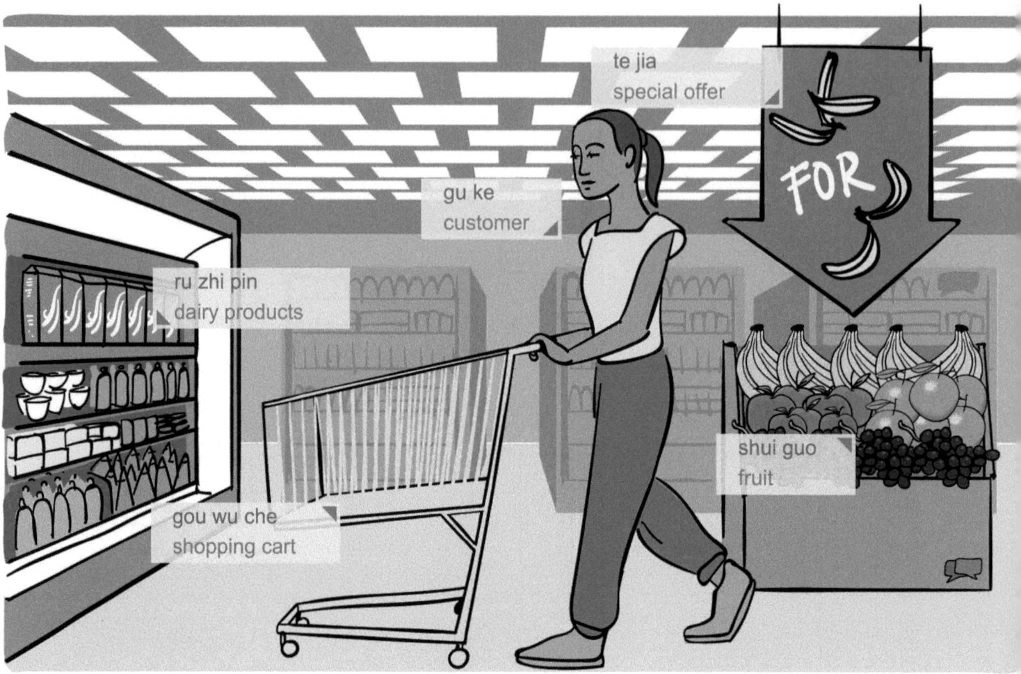

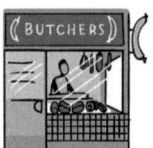

rou pu

butcher's shop

BAKERY

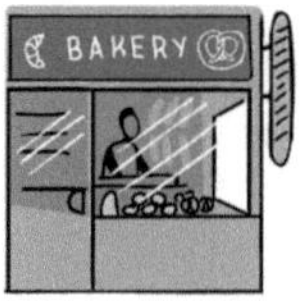

mian bao fang

bakery

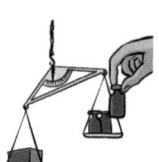

cheng zhong

weigh

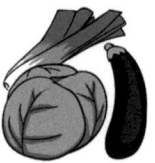

shu cai

vegetables

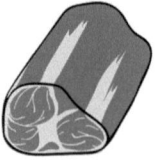

rou

meat

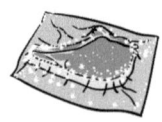

leng dong shi pin

frozen food

leng pan

cold cuts

guan tou shi pin

canned food

xi yi fen

detergent

tian shi

candy

ri yong pin

household products

qing jie yong pin

cleaning products

xiao shou yuan

sales representative

shou yin ji

cash register

shou yin yuan

cashier

gou wu qing dan

shopping list

kai fang shi jian

opening hours

qian bao

wallet

xin yong ka

credit card

dai zi

bag

su liao dai

plastic bag

shui

water

guo zhi

juice

niu nai

milk

ke le

coke

hong jiu

wine

pi jiu

beer

jiu

alcohol

ke ke

cocoa

cha

tea

ka fei

coffee

yi shi nong suo ka fei

espresso

ka bu qi nuo

cappuccino

xiang jiao

banana

ping guo

apple

cheng zi

orange

xi gua

melon

ning meng

lemon

hu luo bo

carrot

da suan

garlic

zhu zi

bamboo

yang cong

onion

mo gu

mushroom

jian guo

nuts

mian tiao

noodles

yi da li mian tiao

spaghetti

mi fan

rice

sha la

salad

shu tiao

fries

zha tu dou

fried potatoes

pi sa bing

pizza

han bao bao

hamburger

san ming zhi

sandwich

zha zhu pai

escalope

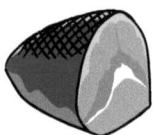

huo tui

ham

sa la mi

salami

xiang chang

sausage

ji rou

chicken

kao rou

roast

yu

fish

yan mai pian

porridge oats

mu zi li

muesli

yu mi pian

cornflakes

mian fen

flour

yang jiao mian bao

croissant

mian bao juan

bread roll

mian bao

bread

kao mian bao

toast

bing gan

cookies

huang you

butter

ning ru

curd

dan gao

cake

dan

egg

jian dan

fried egg

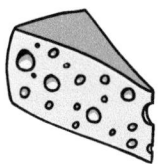

nai lao

cheese

bing ji lin

ice cream

tang

sugar

feng mi

honey

guo jiang

jelly

qiao ke li jiang

nougat cream

ga li fan

curry

nong chang

farm

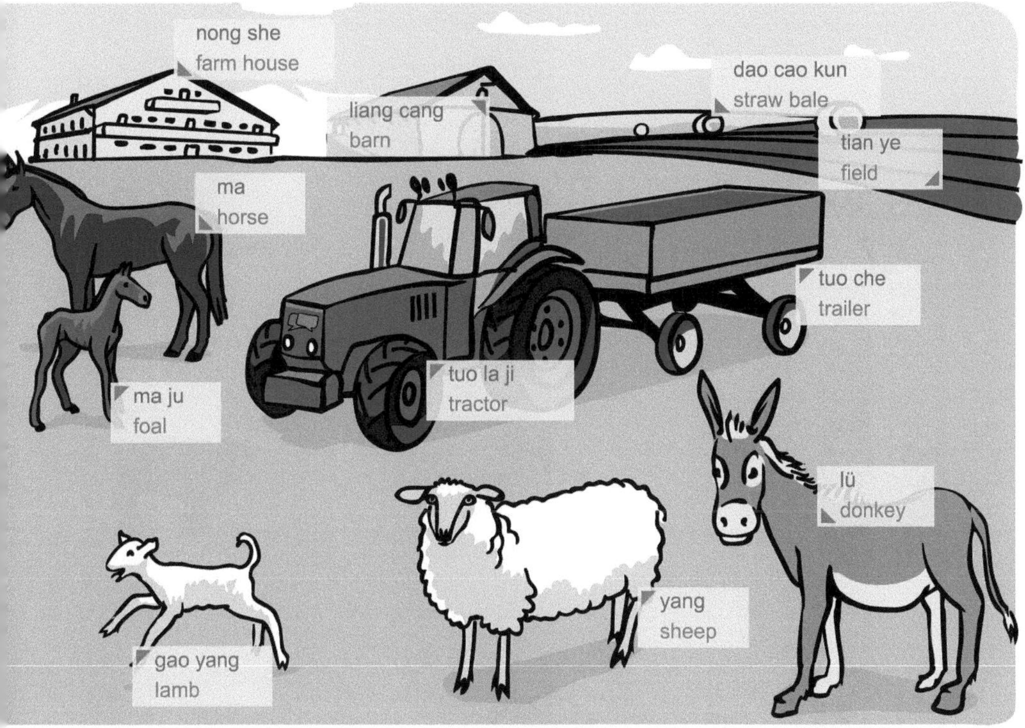

nong she
farm house
liang cang
barn
dao cao kun
straw bale
tian ye
field
ma
horse
tuo che
trailer
tuo la ji
tractor
ma ju
foal
lü
donkey
yang
sheep
gao yang
lamb

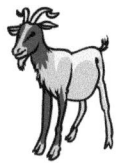

shan yang

goat

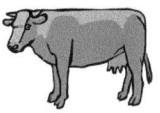

nai niu

cow

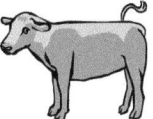

niu du

calf

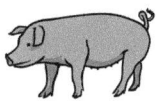

zhu

pig

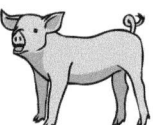

xiao zhu

piglet

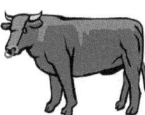

gong niu

bull

e

goose

ya

duck

xiao ji

chick

mu ji

hen

gong ji

cockerel

shu

rat

mao

cat

lao shu

mouse

niu

ox

gou

dog

gou wu

dog house

hua yuan jiao shui ruan guan

garden hose

sa shui hu

watering can

chang bing da lian dao

scythe

li

plow

lian dao

sickle

chu tou

hoe

chang bing cao pa

pitchfork

fu tou

axe

du lun shou tui che

pushcart

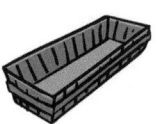

si liao cao

trough

niu nai guan

milk can

ma bu dai

sack

zha lan

fence

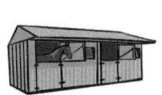

ma jiu

stable

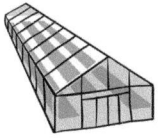

wen shi

greenhouse

tu rang

soil

zhong zi

seed

fei liao

fertilizer

lian he shou ge ji

combine harvester

shou ge

harvest

shou ge

harvest

shan yao

yams

xiao mai

wheat

da dou

soya

tu dou

potato

yu mi

corn

you cai zi

rapeseed

guo shu

fruit tree

shu shu

manioc

gu wu

grain

fang zi

house

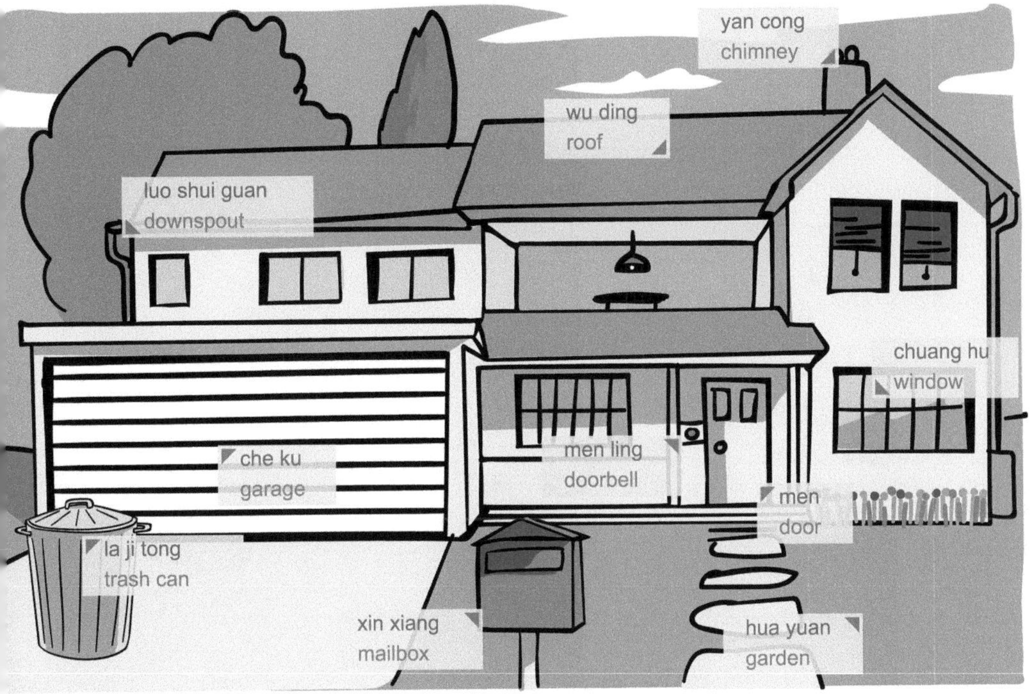

yan cong
chimney
wu ding
roof
luo shui guan
downspout
chuang hu
window
che ku
garage
men ling
doorbell
men
door
la ji tong
trash can
xin xiang
mailbox
hua yuan
garden

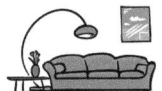

ke ting

living room

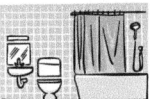

yu shi

bathroom

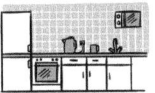

chu fang

kitchen

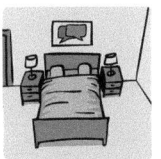

wo shi

bedroom

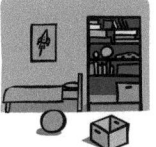

er tong fang

kids room

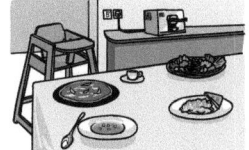

can ting

dining room

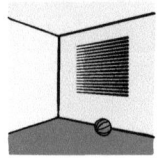

di ban

floor

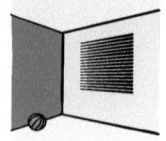

qiang bi

wall

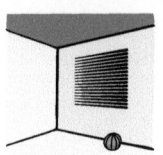

diao ding

ceiling

di jiao

cellar

sang na

sauna

yang tai

balcony

lu tai

terrace

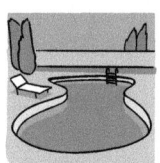

you yong chi

pool

ge cao ji

lawn mower

bei dan

sheet

chuang zhao

bedspread

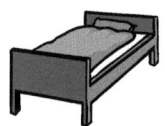

chuang

bed

sao zhou

broom

shui tong

bucket

kai guan

switch

ke ting
living room

bi zhi
wallpaper
zhao pian
picture
tai deng
lamp
ge jia
shelf
chu gui
cabinet
dian shi ji
television
bi lu
fireplace
hua
flower
dian zi
cushion
sha fa
sofa
hua ping
vase
yao kong qi
remote control

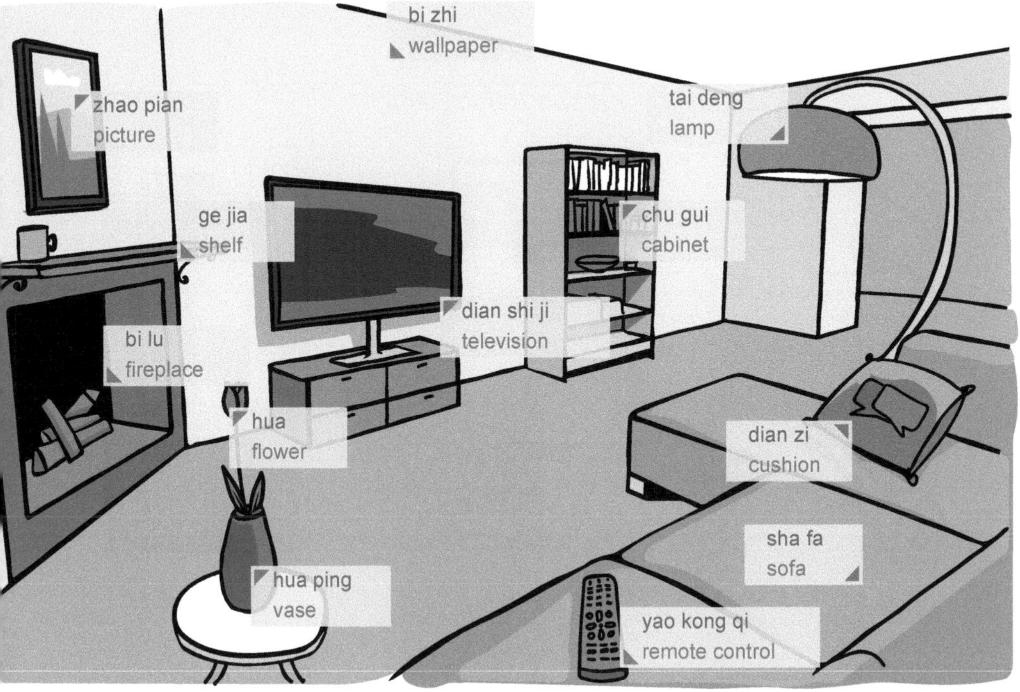

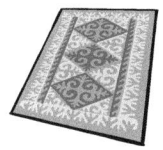

di tan

carpet

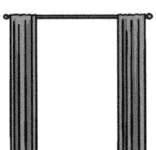

chuang lian

drape

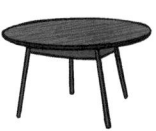

can zhuo

table

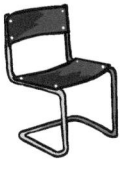

yi zi

chair

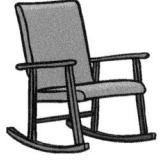

yao yi

rocking chair

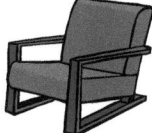

fu shou yi

armchair

shu

book

tan zi

blanket

zhuang shi pin

decoration

mu chai

firewood

dian ying

film

gao bao zhen yin xiang

stereo system

yao shi

key

bao zhi

newspaper

you hua

painting

hai bao

poster

shou yin ji

radio

bi ji ben

notebook

xi chen qi

vacuum cleaner

xian ren zhang

cactus

la zhu

candle

chu fang
kitchen

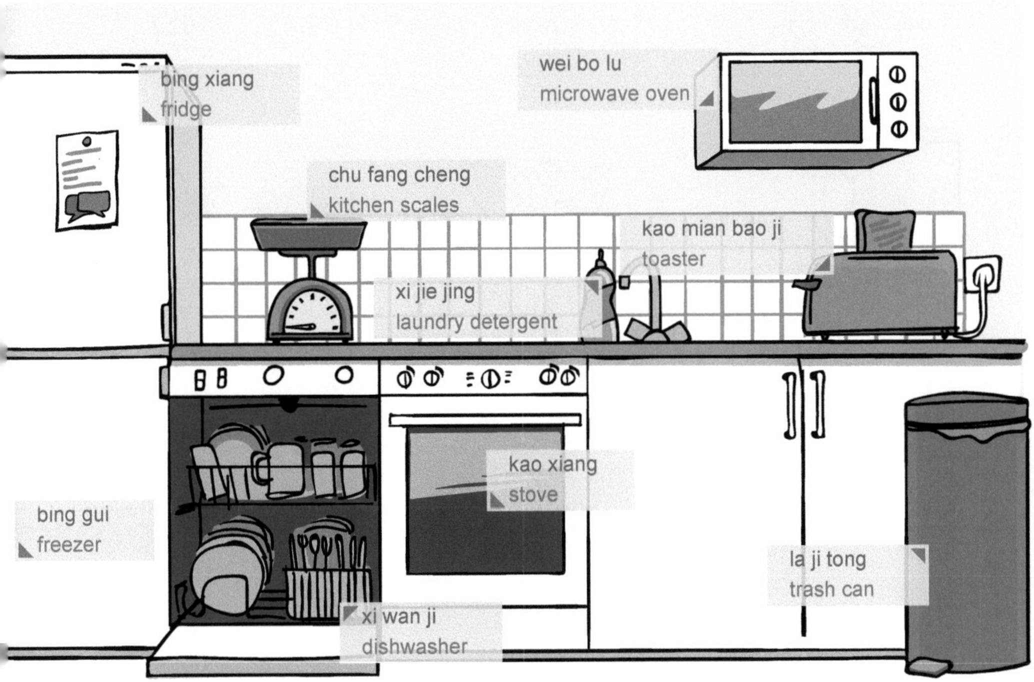
bing xiang
fridge
wei bo lu
microwave oven
chu fang cheng
kitchen scales
kao mian bao ji
toaster
xi jie jing
laundry detergent
kao xiang
stove
bıng gui
freezer
la ji tong
trash can
xi wan ji
dishwasher

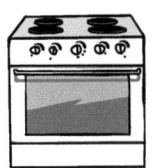

chui ju

cooker

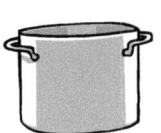

guo

pot

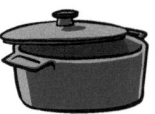

zhu tie guo

cast-iron pot

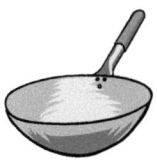

sha guo

wok / kadai

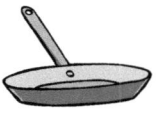

ping di guo

pan

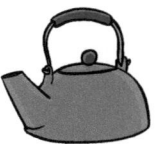

shui hu

kettle

zheng guo

steamer

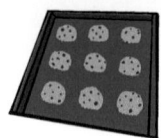

kao pan

baking tray

tao ci guo

crockery

ma ke bei

mug

wan

bowl

kuai zi

chopsticks

chang bing shao

ladle

chan zi

spatula

jiao ban qi

whisk

lü wang

strainer

shai zi

sieve

mo sui ji

grater

yan bo

mortar

shao kao

barbecue

ming huo

fireplace

cai ban

chopping board

gan mian zhang

rolling pin

kai ping qi

corkscrew

guan zi

can

kai ping qi

can opener

ge re shou tao

oven cloth

shui cao

sink

shua zi

brush

hai mian

sponge

jiao ban ji

blender

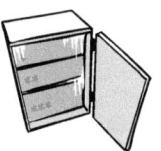

leng cang xiang

deep freezer

nai ping

baby bottle

shui long tou

tap

yu shi
bathroom

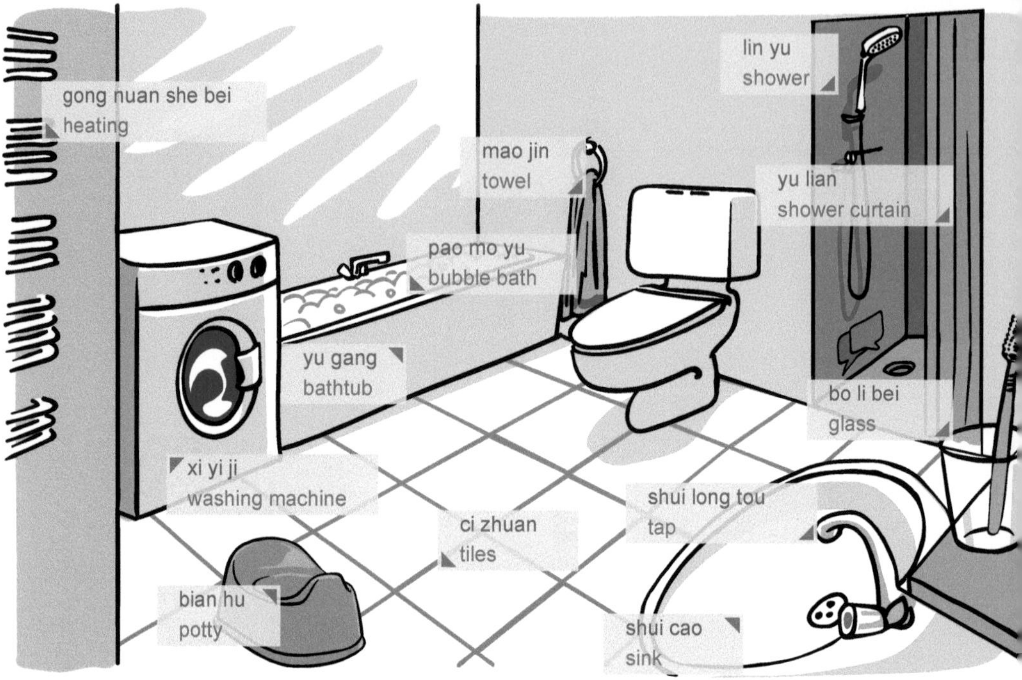

gong nuan she bei
heating
mao jin
towel
lin yu
shower
yu lian
shower curtain
pao mo yu
bubble bath
yu gang
bathtub
bo li bei
glass
xi yi ji
washing machine
shui long tou
tap
ci zhuan
tiles
bian hu
potty
shui cao
sink

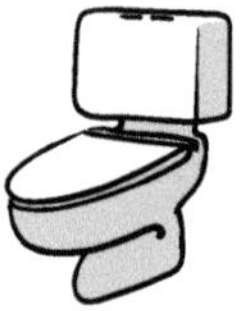

ce suo

toilet

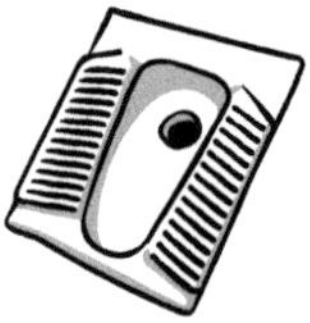

dun bian qi

squat toilet

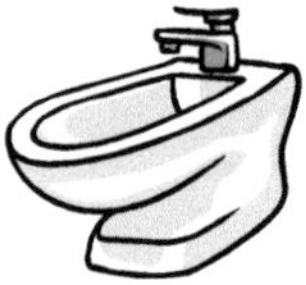

zuo yu qi

bidet

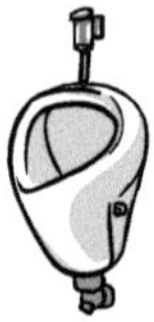

xiao bian chi

urinal

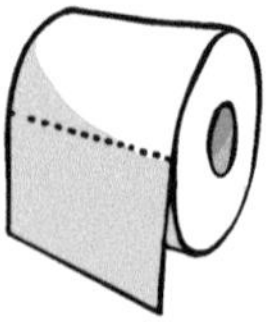

ce zhi

toilet paper

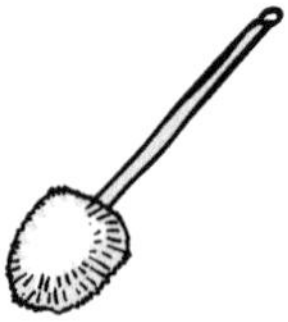

ma tong shua

toilet brush

ya shua

toothbrush

ya gao

toothpaste

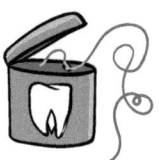

ya xian

dental floss

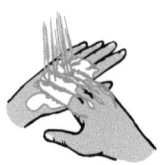

xi

wash

shou chi shi pen lin tou

hand shower

chong xi qi

douche

xi lian pen

basin

ca bei shua

back brush

fei zao

soap

mu yu lu

shower gel

xi fa shui

shampoo

fa lan rong

flannel

pai shui

drain

ru shuang

creme

chu chou ji

deodorant

jing zi

mirror

shou jing

hand mirror

ti xu dao

razor

ti xu pao mo

shaving foam

xu hou shui

aftershave

shu zi

comb

shua zi

brush

chui feng ji

hair-dryer

pen fa ding xing ji

hairspray

hua zhuang pin

makeup

chun gao

lipstick

zhi jia you

nail varnish

hua zhuang mian

cotton wool

zhi jia jian

nail scissors

xiang shui

perfume

xi shu bao

washbag

deng zi

stool

ji zhong cheng

weighing scales

yu pao

bathrobe

xiang jiao shou tao

rubber gloves

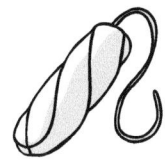

wei sheng mian tiao

tampon

wei sheng jin

sanitary towel

hua xue ce suo

chemical toilet

er tong fang

kids room

nao zhong
alarm clock
mao rong wan ju
cuddly toy
wan ju che
toy car
bo lang gu
rattle
wan ju wu
doll's house
li wu
present

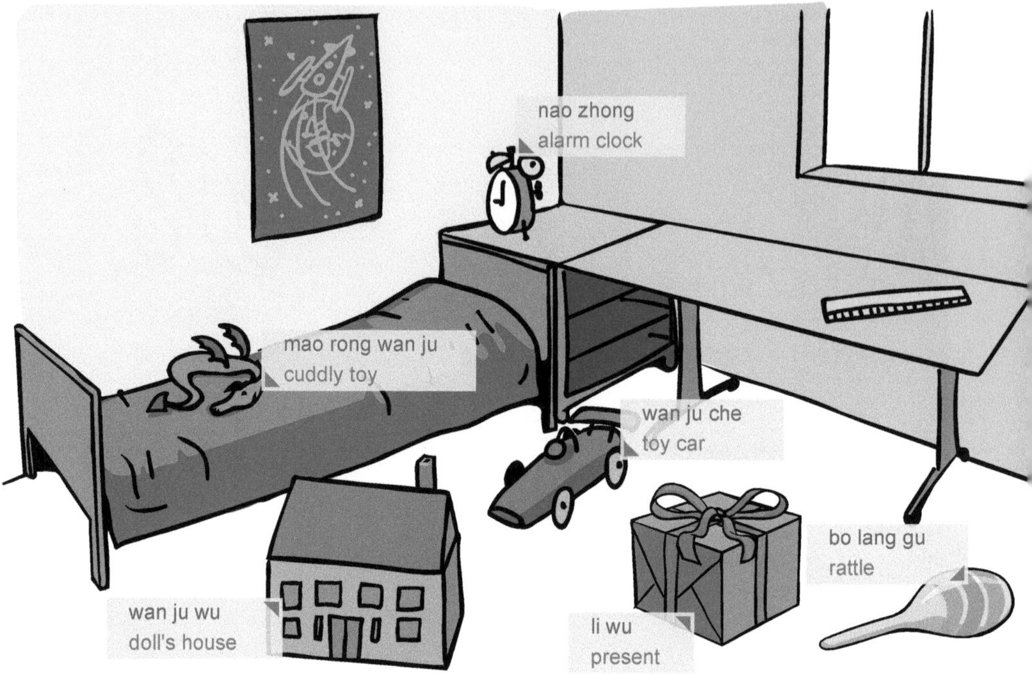

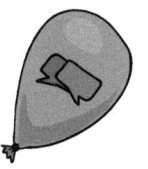

qi qiu

balloon

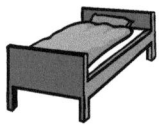

chuang

bed

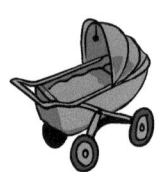

(yang wa wa yong)ying er che

stroller

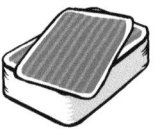

pu ke pai

deck of cards

pin tu

jigsaw

SUPER MEGA

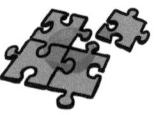

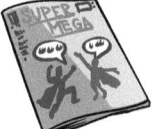

man hua

comic

le gao ji mu

lego bricks

ji mu wan ju

toy blocks

wan ju ren

action figure

ying er fu

romper suit

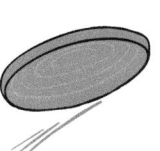

fei pan

frisbee

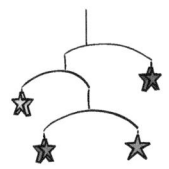

chuang ling wan ju

mobile

qi pan you xi

board game

shai zi

dice

huo che mo xing

model train set

an fu nai zui

pacifier

ju hui

party

hui ben

picture book

qiu

ball

yang wa wa

doll

wan

play

sha keng

sandpit

qiu qian

swing

wan ju

toys

you xi ji

video game console

san lun che

tricycle

tai di xiong

teddy bear

yi chu

wardrobe

yi fu
clothing

wa zi

socks

chang wa

stockings

jin shen ku

tights

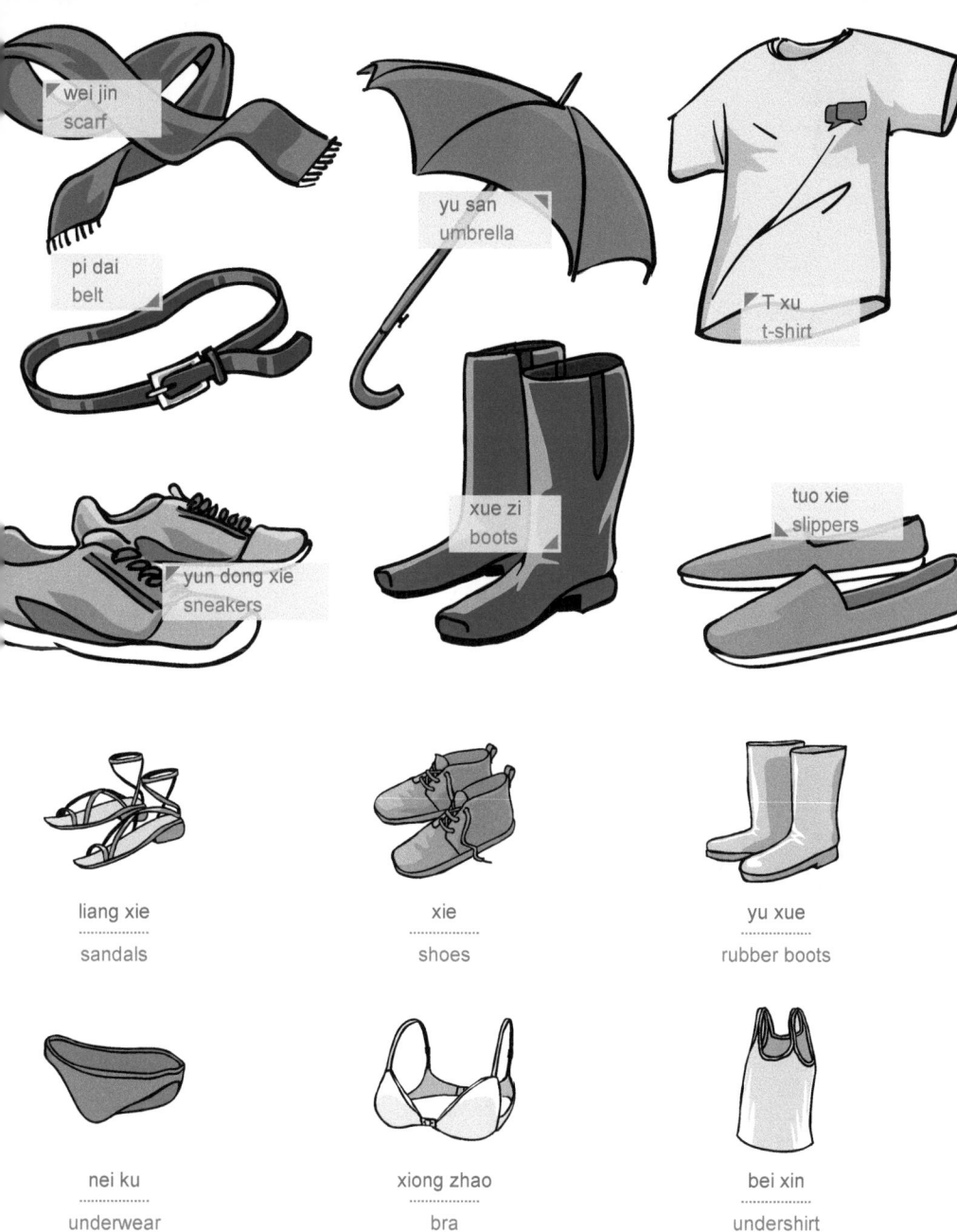

wei jin
scarf

yu san
umbrella

T xu
t-shirt

pi dai
belt

xue zi
boots

tuo xie
slippers

yun dong xie
sneakers

liang xie
sandals

xie
shoes

yu xue
rubber boots

nei ku
underwear

xiong zhao
bra

bei xin
undershirt

yi fu - clothing

shen ti

body

ku zi

pants

niu zai ku

jeans

duan qun

skirt

nü shi chen shan

blouse

chen shan

shirt

tao tou shan

pullover

wei yi

sweater

xi zhuang jia ke

blazer

jia ke

jacket

wai tao

coat

yu yi

raincoat

tao zhuang

costume

lian yi qun

dress

hun sha

wedding dress

xi zhuang

suit

shui pao

nightgown

shui yi

pajamas

sha li

sari

tou jin

headscarf

bao tou jin

turban

bo ka

burka

ka fu tan

kaftan

(a la bo shi)chang pao

abaya

yong yi

swimsuit

nan shi yong ku

trunks

duan ku

shorts

yun dong fu

tracksuit

wei qun

apron

shou tao

gloves

yi fu - clothing

niu kou

button

yan jing

glasses

shou lian

bracelet

xiang lian

necklace

jie zhi

ring

er huan

earring

bian mao

cap

yi jia

coat hanger

mao zi

hat

ling dai

tie

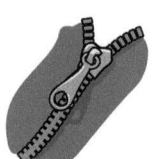

la lian

zip

tou kui

helmet

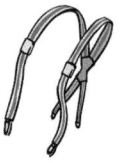

bei dai

braces

xiao fu

school uniform

zhi fu

uniform

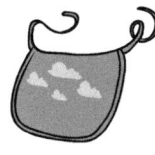

wei dou

bib

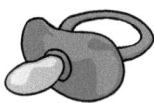

an fu nai zui

pacifier

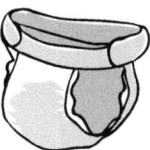

niao bu shi

diaper

ban gong shi
office

fu wu qi
server
wen jian gui
filing cabinet
zhi
paper
da yin ji
printer
xian shi ping
monitor
shu biao
mouse
ban gong zhuo
desk
wen jian jia
folder
jian pan
keyboard
yi zi
chair
fei zhi kuang
waste-paper basket
dian nao
computer

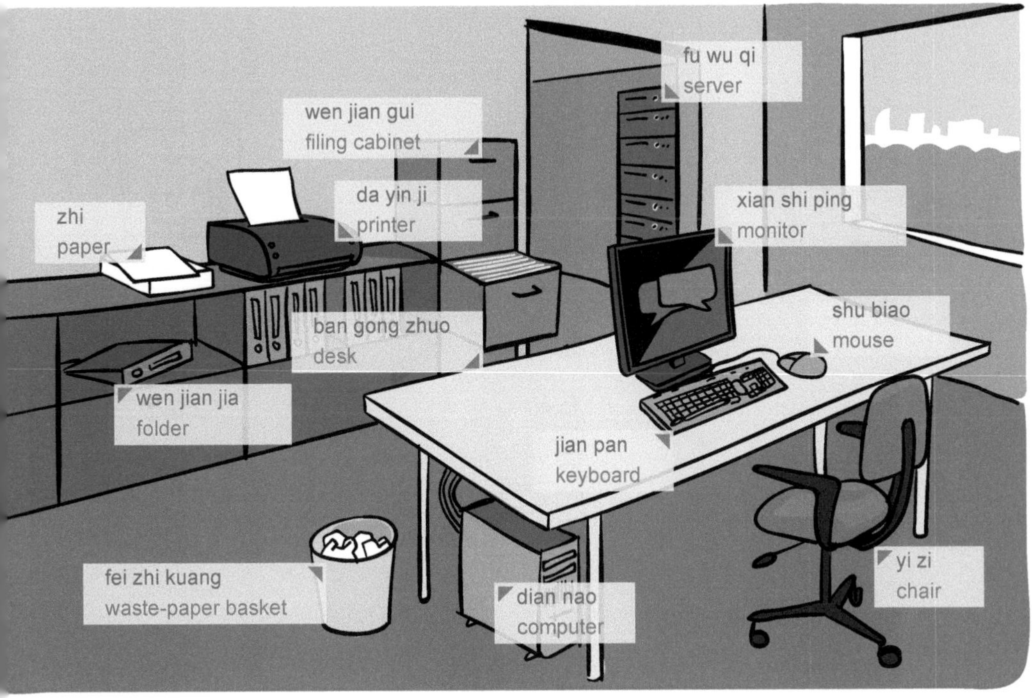

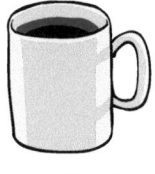

ka fei bei

coffee mug

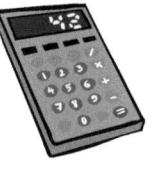

ji suan qi

calculator

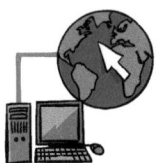

yin te wang

internet

bi ji ben dian nao

laptop

xin jian

letter

xiao xi

message

shou ji

cell phone

wang luo

network

fu yin ji

photocopier

ruan jian

software

dian hua

telephone

cha zuo

plug socket

chuan zhen ji

fax machine

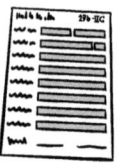

biao ge

form

wen jian

document

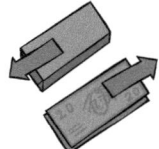

mai

buy

fu qian

pay

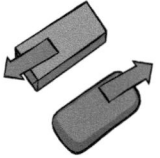

jiao yi

trade

xian jin

money

mei yuan

dollar

ou yuan

euro

ri yuan

yen

lu bu

rouble

rui shi fa lang

Swiss franc

ren min bi

renminbi yuan

lu bi

rupee

ti kuan chu

cash point

wai bi dui huan chu

currency exchange office

jin

gold

yin

silver

shi you

oil

neng yuan

energy

jia ge

price

he tong

contract

shui jin

tax

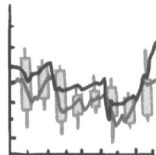

gu piao

stock

gong zuo

work

zhi yuan

employee

lao ban

employer

gong chang

factory

shang dian

shop

zhi ye
occupations

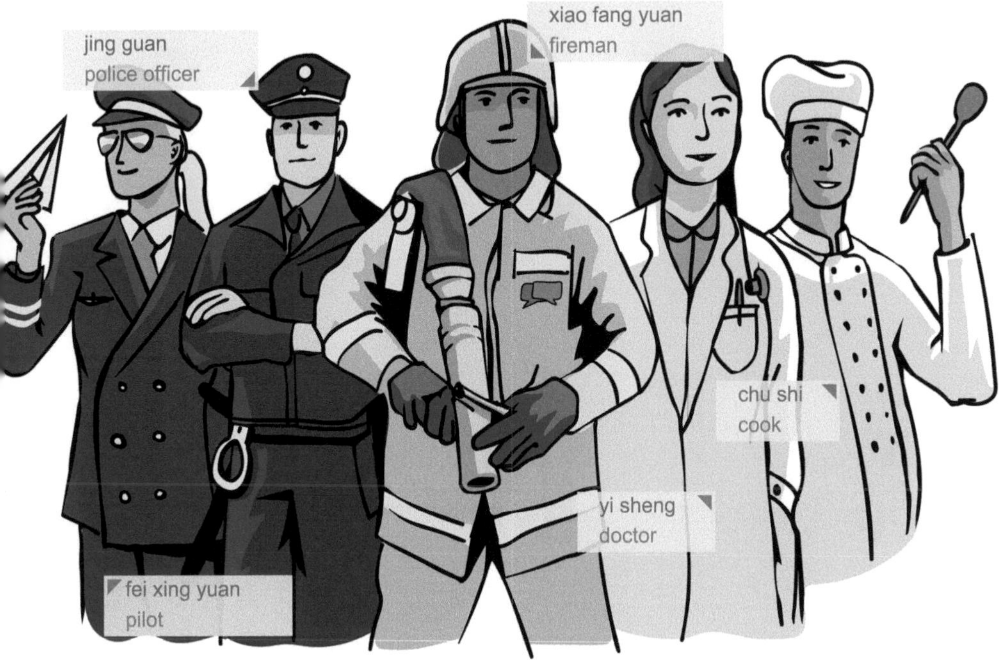
jing guan
police officer
xiao fang yuan
fireman
chu shi
cook
yi sheng
doctor
fei xing yuan
pilot

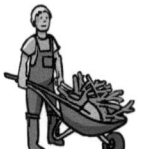

yuan ding

gardener

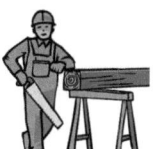

mu jiang

carpenter

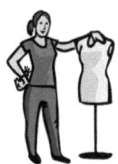

cai feng

seamstress

fa guan

judge

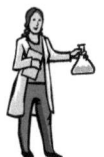

hua xue jia

chemist

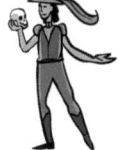

yan yuan

actor

gong jiao che si ji

bus driver

chu zu che si ji

taxi driver

yu fu

fisherman

qing jie nü gong

cleaning lady

wu ding gong

roofer

fu wu yuan

waiter

lie ren

hunter

hua jia

painter

mian bao shi

baker

dian gong

electrician

jian zhu gong ren

builder

gong cheng shi

engineer

tu fu

butcher

shui guan gong

plumber

you di yuan

postman

shi bing

soldier

jian zhu shi

architect

shou yin yuan

cashier

hua nong

florist

li fa shi

hairdresser

shou piao yuan

conductor

ji xie shi

mechanic

chuan zhang

captain

ya yi

dentist

ke xue jia

scientist

la bi

rabbi

yi ma mu

imam

he shang

monk

mu shi

pastor

gong ju
tools

tie chui
hammer
qian zi
pliers
luo si dao
screwdriver
shou dian tong
torch
ban shou
wrench

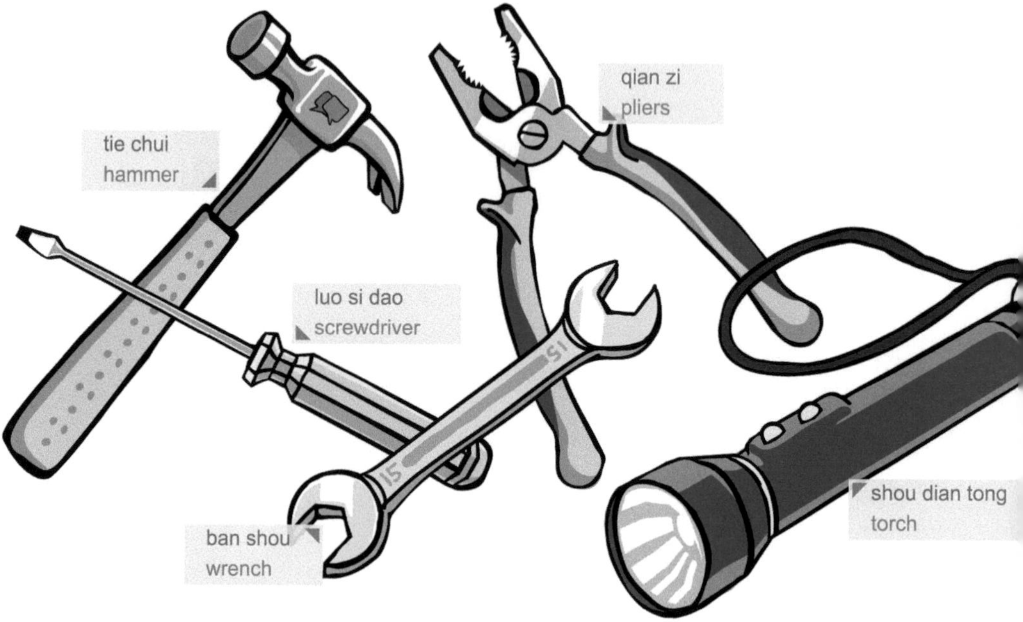

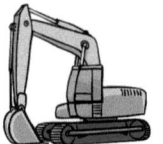

wa jue ji

excavator

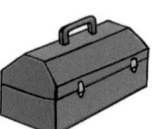

gong ju xiang

toolbox

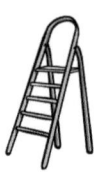

ti zi

ladder

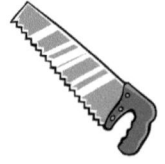

ju zi

saw

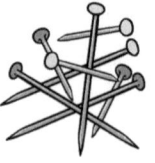

ding zi

nails

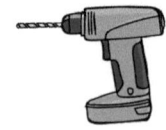

zuan ji

drill

xiu

repair

chan zi

shovel

kao!

Damn!

bo ji

dustpan

you qi tong

paint can

luo si

screws

yue qi
musical instruments

yang sheng qi
loud speaker

da ji yue qi
drum set

ji ta
guitar

di yin ti qin
double bass

xiao hao
trumpet

gang qin

piano

xiao ti qin

violin

bei si

bass

ding yin gu

timpani

gu

drums

dian zi qin

keyboard

sa ke si guan

saxophone

chang di

flute

mai ke feng

microphone

dong wu yuan

zoo

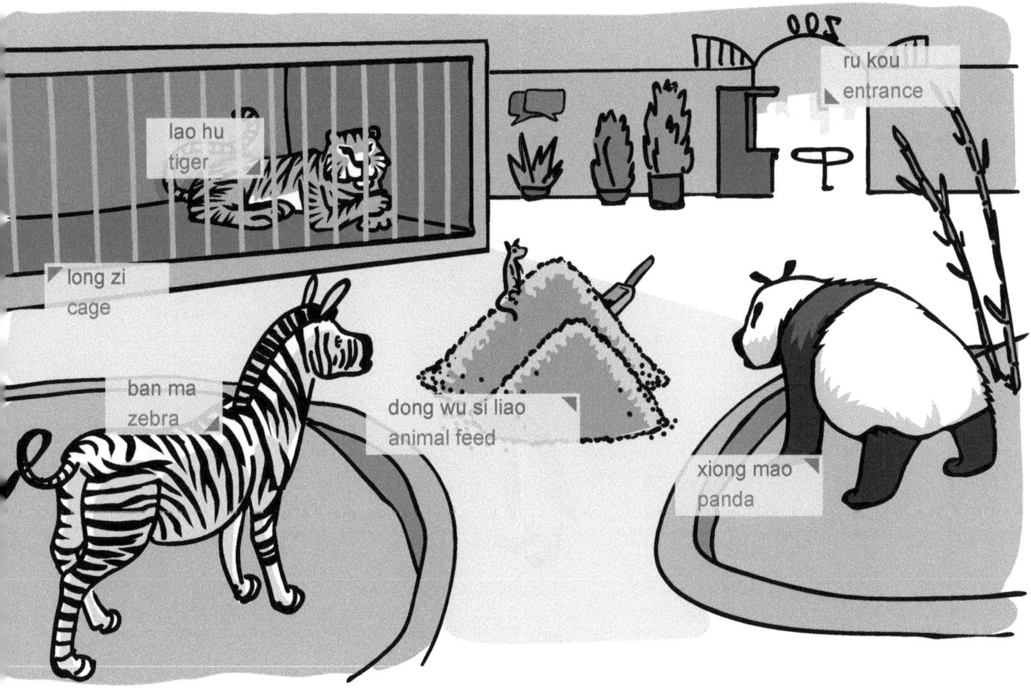
ru kou
entrance
lao hu
tiger
long zi
cage
ban ma
zebra
dong wu si liao
animal feed
xiong mao
panda

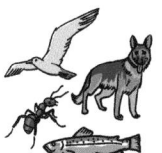

dong wu

animals

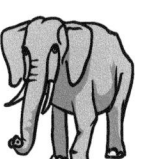

da xiang

elephant

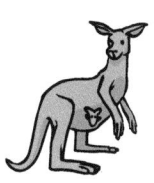

dai shu

kangaroo

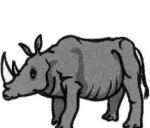

xi niu

rhino

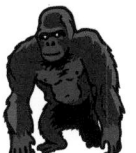

da xing xing

gorilla

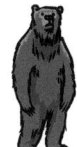

xiong

bear

luo tuo

camel

tuo niao

ostrich

shi zi

lion

hou zi

monkey

huo lie niao

flamingo

ying wu

parrot

bei ji xiong

polar bear

qi e

penguin

sha yu

shark

kong que

peacock

she

snake

e yu

crocodile

dong wu yuan guan li yuan

zookeeper

hai bao

seal

mei zhou bao

jaguar

ai zhong ma

pony

bao

leopard

he ma

hippo

chang jing lu

giraffe

lao ying

eagle

ye zhu

boar

yu

fish

gui

turtle

hai xiang

walrus

hu li

fox

ling yang

gazelle

gan lan qiu
American football

qi zi xing che
cycling

wang qiu
tennis

lan qiu
basketball

you yong
swimming

quan ji
boxing

bing qiu
ice hockey

ying shi zu qiu

soccer

yu mao qiu

badminton

tian jing

athletics

shou qiu

handball

hua xue

skiing

ma qiu

polo

tiao
jump

xiao
laugh

yong bao
hug

zou lu
walk

chang
sing

zuo meng
dream

qi dao
pray

qin wen
kiss

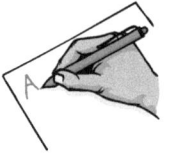

shu xie

write

hua

draw

zhan shi

show

tui

push

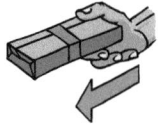

gei

give

na

take

you
....
have

zuo
....
do

dang
....
be

zhan
....
stand

pao
....
run

la
....
pull

reng
....
throw

shuai dao
....
fall

tang
....
lie

deng dai
....
wait

xie dai
....
carry

zuo
....
sit

chuan yi
....
get dressed

shui jiao
....
sleep

xing lai
....
wake up

kan

look at

ku

cry

fu mo

stroke

shu tou

comb

jiao tan

talk

ming bai

understand

wen

ask

ting

listen

he

drink

chi

eat

qing li

tidy up

ai

love

zuo fan

cook

kai che

drive

fei

fly

hang xing

sail

ji suan

calculate

du

read

xue xi

learn

gong zuo

work

jie hun

marry

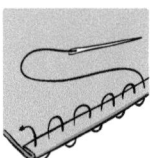

feng

sew

shua ya

brush teeth

sha

kill

chou yan

smoke

ji

send

huo dong - activities

jia
family

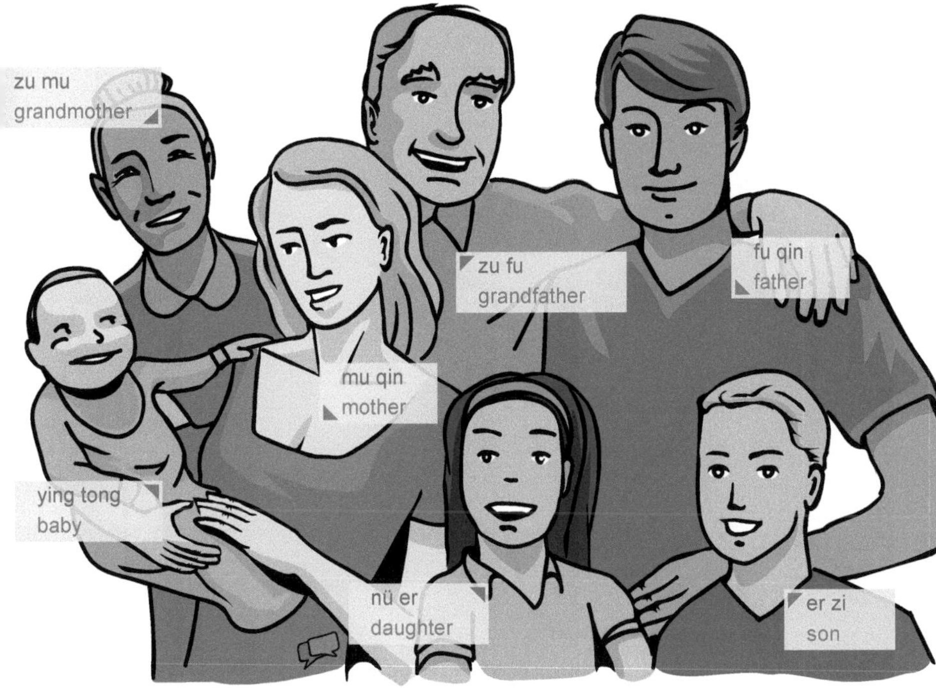
zu mu
grandmother
zu fu
grandfather
fu qin
father
mu qin
mother
ying tong
baby
nü er
daughter
er zi
son

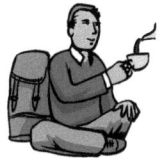

ke ren

guest

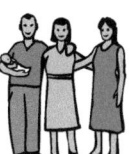

a yi

aunt

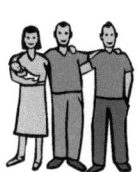

shu shu

uncle

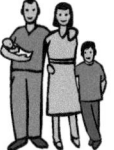

xiong di

brother

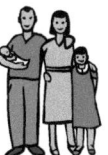

jie mei

sister

shen ti

body

qian e
forehead
yan jing
eye
jian bang
shoulder
shou zhi
finger
lian
face
xia ba
chin
shou
hand
tui
leg
ru fang
breast
shou bi
arm

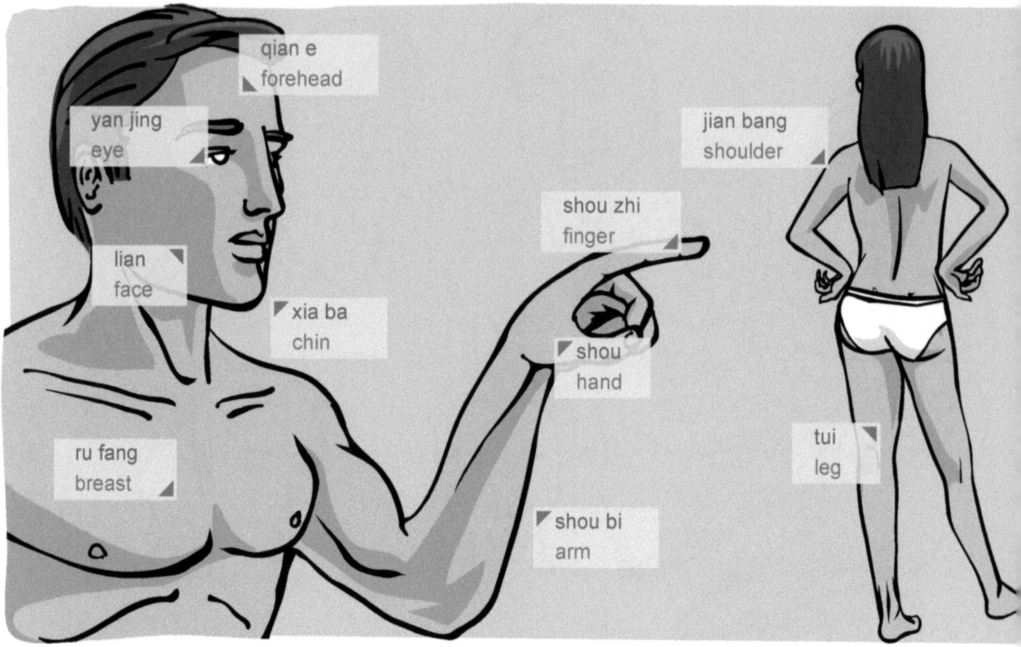

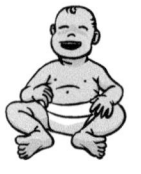

ying tong
baby

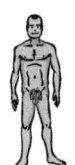

nan ren
man

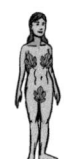

nü ren
woman

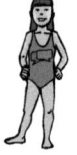

nü hai
girl

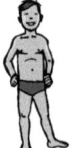

nan hai
boy

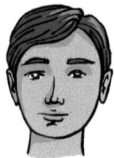

tou
head

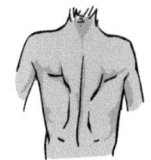

bei bu

back

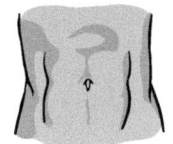

du zi

belly

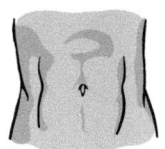

du qi

navel

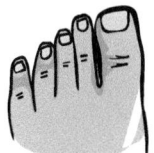

jiao zhi

toe

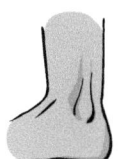

jiao hou gen

heel

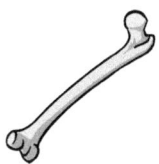

gu tou

bone

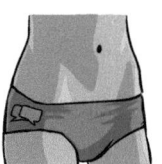

tun bu

hip

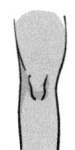

xi gai

knee

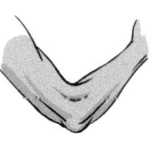

shou zhou

elbow

bi zi

nose

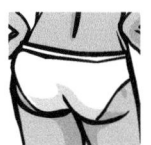

pi gu

buttocks

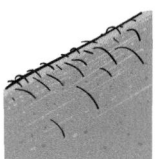

pi fu

skin

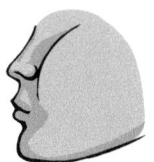

lian jia

cheek

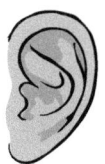

er duo

ear

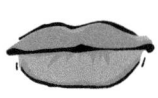

zui chun

lip

zui

mouth

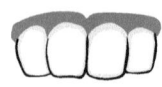

ya chi

tooth

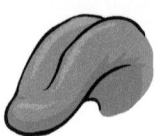

she tou

tongue

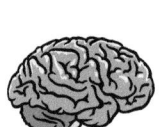

nao

brain

xin zang

heart

ji rou

muscle

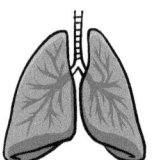

fei

lung

gan zang

liver

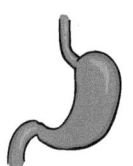

wei

stomach

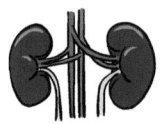

shen zang

kidneys

xing jiao

sex

bi yun tao

condom

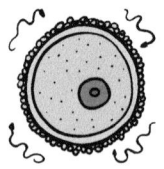

luan zi

ovum

jing zi

semen

huai yun

pregnancy

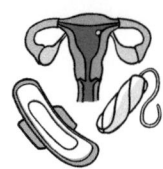

yue jing

menstruation

yin dao

vagina

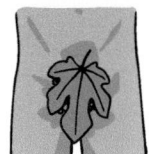

yin jing

penis

mei mao

eyebrow

tou fa

hair

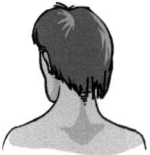

bo zi

neck

yi yuan
hospital

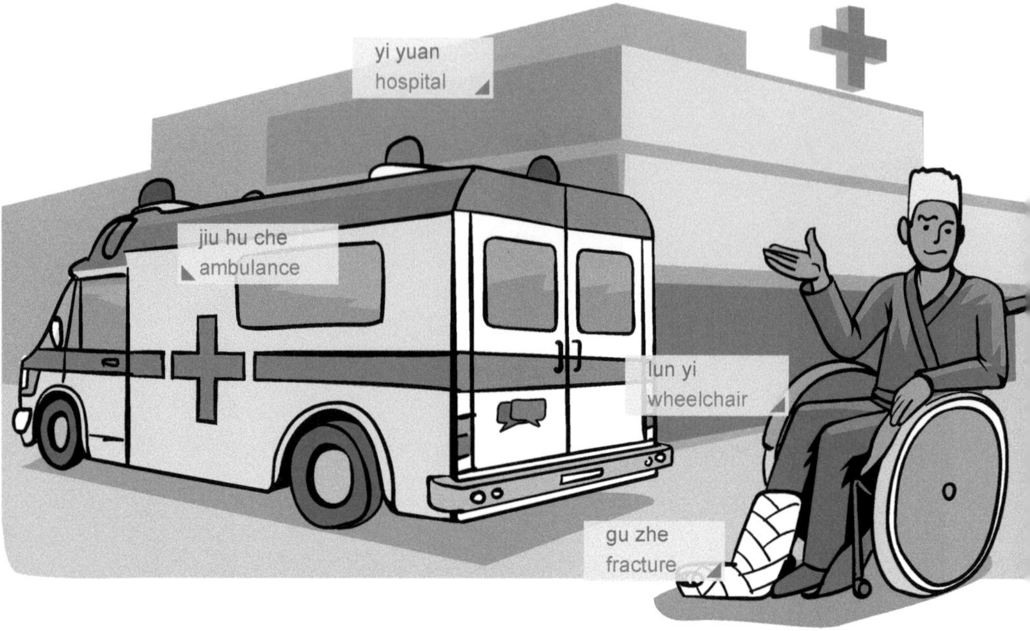

yi yuan
hospital
jiu hu che
ambulance
lun yi
wheelchair
gu zhe
fracture

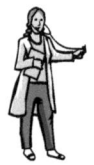

yi sheng
doctor

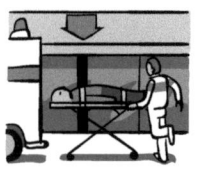

ji zhen shi
emergency room

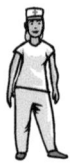

hu shi
nurse

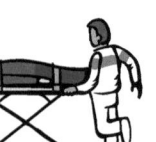

jin ji qing kuang
emergency

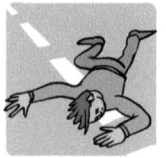

hun mi
unconscious

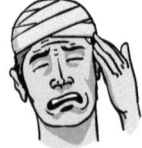

tong
pain

shou shang

injury

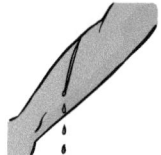

chu xue

bleeding

xin zang bing fa zuo

heart attack

zhong feng

stroke

guo min

allergy

ke sou

cough

fa shao

fever

liu gan

flu

fu xie

diarrhea

tou tong

headache

ai zheng

cancer

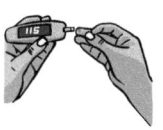

tang niao bing

diabetes

wai ke yi sheng

surgeon

shou shu dao

scalpel

shou shu

operation

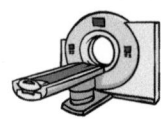

CT

CT

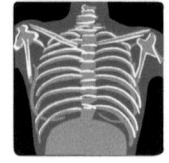

X guang

x-ray

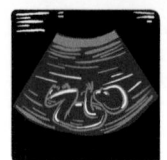

chao sheng bo

ultrasound

kou zhao

face mask

ji bing

disease

hou zhen shi

waiting room

guai zhang

crutch

shi gao

plaster

beng dai

bandage

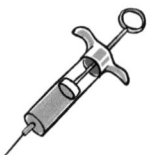

zhu she

injection

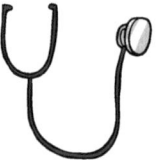

ting zhen qi

stethoscope

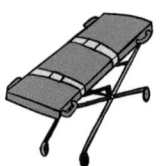

dan jia

stretcher

ti wen ji

clinical thermometer

chu sheng

birth

chao zhong

overweight

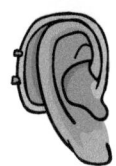

zhu ting qi

hearing aid

xiao du ye

disinfectant

gan ran

infection

bing du

virus

ai zi bing

HIV / AIDS

yao wu

medicine

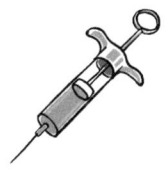

jie zhong yi miao

vaccination

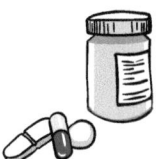

yao pian

tablets

yao wan

pill

ji jiu dian hua

emergency call

xue ya ji

blood pressure monitor

sheng bing/jian kang

ill / healthy

jiu ming!

Help!

jing bao

alarm

tu ji

assault

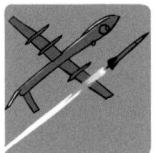

gong ji

attack

wei xian

danger

jin ji chu kou

emergency exit

zhao huo la!

Fire!

mie huo qi

fire extinguisher

yi wai

accident

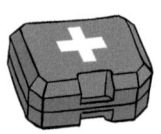

ji jiu xiang

first-aid kit

hu jiu xin hao

SOS

jing cha

police

ou zhou

Europe

bei mei zhou

North America

nan mei zhou

South America

fei zhou

Africa

ya zhou

Asia

ao zhou

Australia

da xi yang

Atlantic

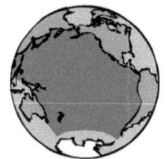

tai ping yang

Pacific

yin du yang

Indian Ocean

nan bing yang

Antarctic Ocean

bei bing yang

Arctic Ocean

bei ji

North pole

nan ji

South pole

nan ji zhou

Antarctica

di qiu

earth

lu di

land

hai

sea

dao

island

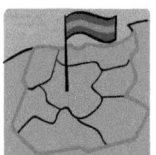

guo jia

nation

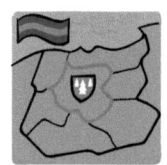

guo jia

state

zhong mian

clock face

shi zhen

hour hand

fen zhen

minute hand

miao zhen

second hand

xian zai ji dian?

What time is it?

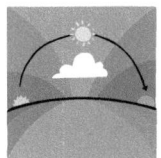

tian

day

shi jian

time

xian zai

now

dian zi biao

digital watch

fen

minute

shi

hour

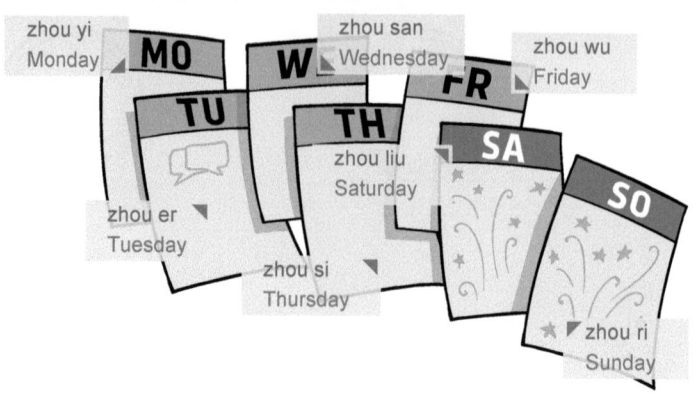

zhou yi — Monday
zhou er — Tuesday
zhou san — Wednesday
zhou si — Thursday
zhou wu — Friday
zhou liu — Saturday
zhou ri — Sunday

zuo tian

yesterday

jin tian

today

ming tian

tomorrow

zao chen

morning

zhong wu

noon

wan shang

evening

MO	TU	WE	TH	FR	SA	SU
1	2	3	4	5	6	7
8	9	10	11	12	13	14
15	16	17	18	19	20	21
22	23	24	25	26	27	28
29	30	31	1	2	3	4

gong zuo ri

workdays

MO	TU	WE	TH	FR	SA	SU
1	2	3	4	5	6	7
8	9	10	11	12	13	14
15	16	17	18	19	20	21
22	23	24	25	26	27	28
29	30	31	1	2	3	4

zhou mo

weekend

nian
year

yu
rain
cai hong
rainbow
feng
wind
xue
snow
chun
spring
xia
summer
qiu
fall
dong
winter

4.APRIL 11°
5.APRIL 4°
6.APRIL 13°
7.APRIL 8°
8.APRIL 10°

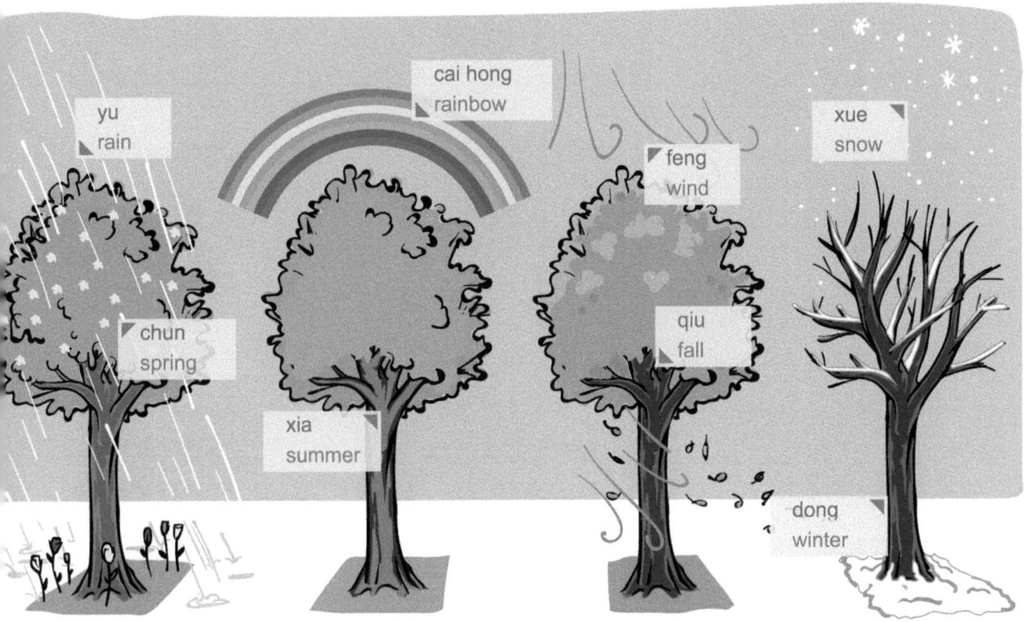

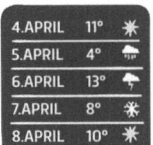

tian qi yu bao

weather forecast

F C
120 90 60 30 0 -30
40 30 20 10 0 -10 -20

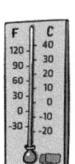

wen du ji

thermometer

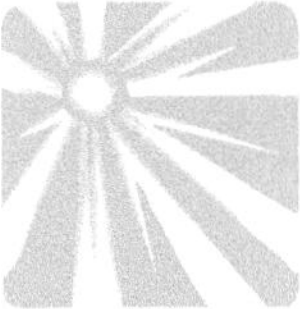

yang guang

sunshine

yun

cloud

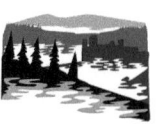

wu

fog

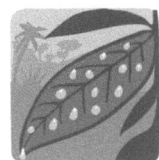

chao shi

humidity

shan dian

lightning

da lei

thunder

feng bao

storm

bing bao

hail

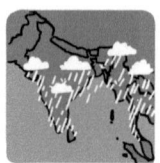

ji feng

monsoon

hong shui

flood

bing

ice

yi yue

January

er yue

February

san yue

March

si yue

April

wu yue

May

liu yue

June

qi yue

July

ba yue

August

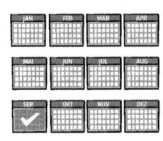

jiu yue

September

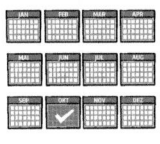

shi yue

October

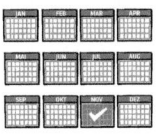

shi yi yue

November

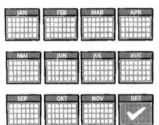

shi er yue

December

xing zhuang
shapes

yuan xing

circle

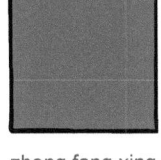

zheng fang xing

square

chang fang xing

rectangle

san jiao xing

triangle

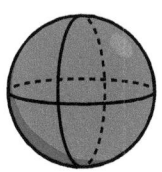

qiu ti

sphere

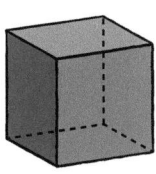

li fang ti

cube

bai

white

huang

yellow

cheng

orange

fen

pink

hong

red

zi

purple

lan

blue

lü

green

zong

brown

hui

gray

hei

black

hen duo/shao xu

a lot / a little

sheng qi/ping jing

angry / calm

mei/chou

beautiful / ugly

shou/wei

beginning / end

da/xiao

big / small

ming/an

bright / dark

xiong di/jie mei

brother / sister

gan jing/ang zang

clean / dirty

wan zheng/que shi

complete / incomplete

bai tian/wan shang

day / night

si/sheng

dead / alive

kuan/zhai

wide / narrow

ke shi yong/fei shi yong

edible / inedible

xie e/shan liang

evil / kind

xing fen/wu liao

excited / bored

pang/shou

fat / thin

di yi/zui hou

first / last

peng you/di ren

friend / enemy

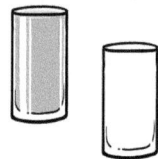

man/kong

full / empty

ying/ruan

hard / soft

zhong/qing

heavy / light

e/ke

hunger / thirst

sheng bing/jian kang

ill / healthy

fei fa/he fa

illegal / legal

cong ming/yu ben

intelligent / stupid

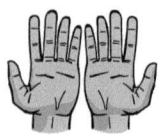

zuo/you

left / right

jin/yuan

near / far

xin/jiu

new / used

mei you/you xie

nothing / something

lao/you

old / young

kai/guan

on / off

da kai/he shang

open / closed

an jing/chao nao

quiet / loud

fu/qiong

rich / poor

dui/cuo

right / wrong

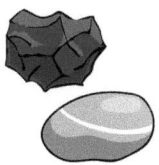

cu cao/guang hua

rough / smooth

shang xin/gao xing

sad / happy

duan/chang

short / long

man/kuai

slow / fast

shi/gan

wet / dry

wen nuan/liang shuang

warm / cool

zhan zheng/he ping

war / peace

fan yi ci - opposites

numbers

0

ling

zero

1

yi

one

2

er

two

3

san

three

4

si

four

5

wu

five

6

liu

six

7

qi

seven

8

ba

eight

9

jiu

nine

10

shi

ten

11

shi yi

eleven

12

shi er

twelve

13

shi san

thirteen

14

shi si

fourteen

15

shi wu

fifteen

16

shi liu

sixteen

17

shi qi

seventeen

18

shi ba

eighteen

19

shi jiu

nineteen

20

er shi

twenty

100

bai

hundred

1.000

qian

thousand

1.000.000

bai wan

million

ying yu

English

mei shi ying yu

American English

pu tong hua

Chinese Mandarin

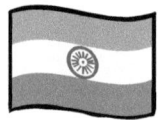

yin di yu

Hindi

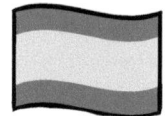

xi ban ya yu

Spanish

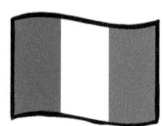

fa yu

French

a la bo yu

Arabic

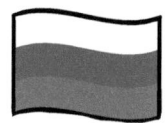

e yu

Russian

pu tao ya yu

Portuguese

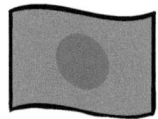

feng jia la yu

Bengali

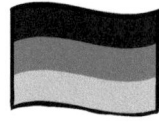

de yu

German

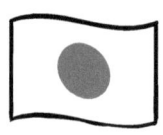

ri yu

Japanese

wo

I

ni

you

ta/ta/ta

he / she / it

wo men

we

ni men

you

ta men

they

shei?

who?

shen me?

what?

zen yang?

how?

na li?

where?

shen me shi hou?

when?

ming zi

name

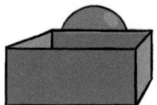

hou mian

behind

li mian

in

qian mian

in front of

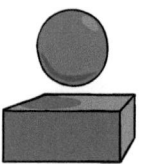

shang fang

over

shang mian

on

xia mian

under

pang bian

beside

zhong jian

between

di dian

place